KB076665

내 차트는 내가 만든다(2)

-내 차 내 만-

중심(中心) 기세(氣勢)

손 태 건 (필명: 타 이 쿤)

taikun@naver.com

글 제목 Title of the article

1. 당일 중심

<수식>

var : T(0);

   var1 = (dayhigh+daylow)/2;

   if var1 > var1[1] Then
        T = 1;
   if var1 < var1[1] Then
        T = -1;
   plot1(var1,"당일중심");

if T == 1 Then

   plot2(var1-PriceScale*1,"황금");

   else

   plot2(var1+PriceScale*1,"황금");

<수식 그리기>

당일 중심......적색 일자 그래프......마지막 지표값 표시 체크

황금.............적색 일자 그래프......마지막 지표값 표시 삭제

<채우기>

황금<당일 중심......녹색

황금>당일 중심......노랑

<당일 중심 차트>

진한 핑크색......당일 시가

진한 검은색......전일 종가

신고가..............당일 중심 밴드=녹색
신저가..............당일 중심 밴드=노랑

천정을 형성한 주가는 중심 이하 하락.......중심이 저항되면 신저가
바닥을 형성한 가격은 중심 이상 상승.......중심이 지지되면 신고가

2. 당일 Ø......Ø=0.618

<수식>

var : T(0);

   var1 = daylow+(dayhigh-daylow)*0.618;

   if var1 > var1[1] Then
      T = 1;
   if var1 < var1[1] Then
      T = -1;
   plot1(var1,"당일중심");

if T == 1 Then

   plot2(var1-PriceScale*1,"황금");

   else

   plot2(var1+PriceScale*1,"황금");

<수식 그리기>

당일　Ø......적색 일자 그래프......마지막 지표값 표시 체크

황금............적색 일자 그래프......마지막 지표값 표시 삭제

<채우기>

황금<당일 Ø......rose

황금>당일 Ø......blue

<당일 Ø 차트>

가격 천정...당일 Ø 이하 하락...저항선...돌파 후 지지...상승 추세

가격 바닥...당일 Ø 이상 상승...지지선...붕괴 후 저항...하락 추세

3. 진폭 대칭

<진폭 대칭 수식>......고가와 저가 진폭 대칭을 그린다

var1=DayHigh-DayLow;

Plot1(DayHigh+var1,"진폭대칭1");
Plot2(DayLow-var1,"진폭대칭2");

<진폭 대칭_line 수식>
...고가와 저가 진폭 대칭을 그린다....9시10분~9시40분

var1=DayHigh-DayLow;

if sTime>091000 and sTime<094000 Then {
Plot1(DayHigh+var1,"진폭대칭1");
Plot2(DayLow-var1,"진폭대칭2");

}

<수식 그리기>

***진폭 대칭

진폭 대칭1......일자 그리기......적색......굵기......1번째 줄
진폭 대칭2......일자 그리기......청색......굵기......1번째 줄

***진폭 대칭_line

진폭 대칭1......일자 그리기......적색......굵기......2번째 줄
진폭 대칭2......일자 그리기......청색......굵기......2번째 줄

<진폭 대칭 차트>

진폭 대칭1...일자 그리기...적색...가는 선...천정~바닥 진폭 상승 대칭

진폭 대칭2...일자 그리기...청색...가는 선...천정~바닥 진폭 하락 대칭

<진폭 대칭_line 차트>

진폭 대칭1...일자 그리기...적색...굵은 선...천정~바닥 진폭 상승 대칭

9시10분~9시40분 사이 구간에만 그린다

진폭 대칭2...일자 그리기...청색...굵은 선...천정~바닥 진폭 하락 대칭

9시10분~9시40분 사이 구간에만 그린다

4. 진폭 Ø_

<진폭 Ø 수식>

var1=DayHigh-DayLow;

Plot1(DayHigh+var1*0.618,"진폭대칭1");
Plot2(DayLow-var1*0.618,"진폭대칭2");

<진폭 Ø_line 수식>

var1=DayHigh-DayLow;

if sTime>091000 and sTime<094000 Then {

Plot1(DayHigh+var1*0.618,"진폭대칭1");
Plot2(DayLow-var1*0.618,"진폭대칭2");

}

<수식 그리기>

***진폭 Ø 수식 그리기

진폭 Ø #1......일자 그리기......적색......굵기......1번째 줄
진폭 Ø #2......일자 그리기......청색......굵기......1번째 줄

***진폭 Ø_line 수식 그리기>

진폭 Ø #1......일자 그리기......적색......굵기......2번째 줄
진폭 Ø #2......일자 그리기......청색......굵기......2번째 줄

<진폭 ∅ 수식 차트>

진폭 ∅ #1......일자 그리기......적색......굵기......가는 줄
진폭 ∅ #2......일자 그리기......청색......굵기......가는 줄

고가~저가 진폭의 61.8% 확대 상승 목표치......적색선

고가~저가 진폭의 61.8% 확대 하락 목표치......청색선

<진폭 Ø_line 수식 차트>

진폭 Ø #1......일자 그리기......적색......굵기......굵은 줄
진폭 Ø #2......일자 그리기......청색......굵기......굵은 줄

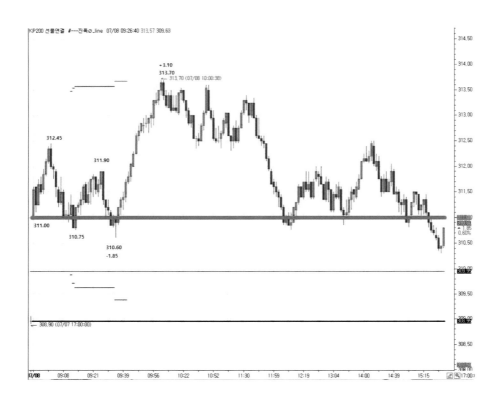

고가~저가 진폭의 61.8% 확대 상승 목표치......적색선

9시10분~9시40분 사이 구간에만 그린다

고가~저가 진폭의 61.8% 확대 하락 목표치......청색선

9시10분~9시40분 사이 구간에만 그린다

5. 진폭 5/3_

<진폭 5/3 수식>

var1=DayHigh-DayLow;

Plot1(DayHigh+var1*0.66,"진폭대칭1");
Plot2(DayLow-var1*0.66,"진폭대칭2");

<진폭 5/3_line 수식>

var1=DayHigh-DayLow;

if sTime>091000 and sTime<094000 Then {

Plot1(DayHigh+var1*0.66,"진폭대칭1");
Plot2(DayLow-var1*0.66,"진폭대칭2");

}

<수식 그리기>

***진폭 5/3 수식 그리기

진폭 Ø #1......일자 그리기......적색......굵기......1번째 줄
진폭 Ø #2......일자 그리기......청색......굵기......1번째 줄

***진폭 5/3_line 수식 그리기>

진폭 Ø #1......일자 그리기......적색......굵기......2번째 줄
진폭 Ø #2......일자 그리기......청색......굵기......2번째 줄

6. D-1 중심

< D-1 중심_line>

***수식

var1 = (dayhigh(1)+daylow(1))/2;

plot1(var1,"전일중심");

***수식 그리기

전일 중심

일자 그리기

brown

굵기......3번째 줄

< D-1 중심_line 차트>

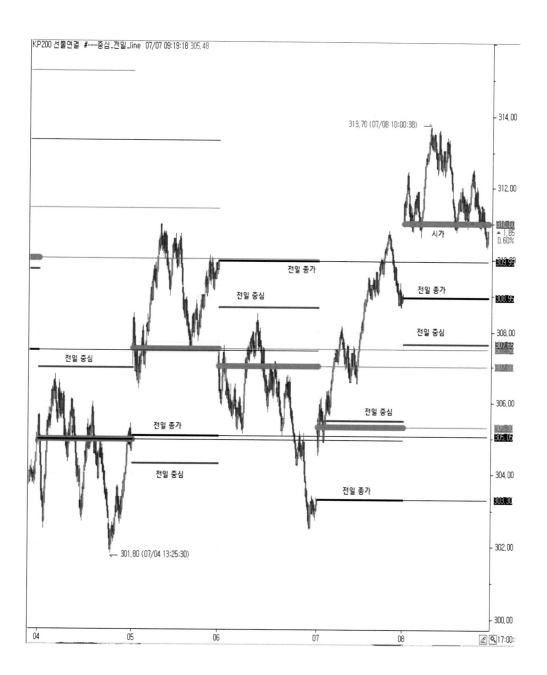

전일 중심이 지지 작용이면 상승 추세

전일 중심이 저항 작용이면 하락 추세

< D-1 중심>

***수식

var : T(0);

　　var1 = (dayhigh(1)+daylow(1))/2;
　　var2 = (dayhigh(0)+daylow(0))/2;

　　if var1 < var2 Then
　　　　T = 1;
　　if var1 > var2 Then
　　　　T = -1;

　　plot1(var1,"전일중심");

if T == 1 Then

　　plot2(var1-PriceScale*2,"황금");

　　else

　　plot2(var1+PriceScale*2,"황금");

***수식 그리기

전일 중심...일자 그래프...적색...마지막 지표값 표시...체크
황금..........일자 그래프...적색...마지막 지표값 표시...안함

***채우기

황금<전일 중심.....rose.....선 두께......네번째 줄

황금<전일 중심.....blue.....선 두께......네번째 줄

< D-1 중심 차트>

***전일 중심이 지지 작용이면 상승 추세

금일 시가보다 낮은 가격에 매수......상승시 익절

***전일 중심이 저항 작용이면 하락 추세

금일 시가보다 높은 가격에 매도......하락시 익절

7. D-2 중심

< D-2 중심_line>

***수식

var1 = (dayhigh(2)+daylow(2))/2;

plot1(var1,"전일중심");

< D-2 중심>

***수식

var : T(0);

```
var1 = (dayhigh(2)+daylow(2))/2;
var2 = (dayhigh(1)+daylow(1))/2;

if var1 < var2 Then
     T = 1;
if var1 > var2 Then
     T = -1;

plot1(var1,"전일중심");
```

if T == 1 Then

plot2(var1-PriceScale*2,"황금");

else

```
plot2(var1+PriceScale*2,"황금");
```

8. D-3 중심

< D-3 중심_line>

***수식

```
var1 = (dayhigh(3)+daylow(3))/2;

plot1(var1,"전일중심");

var : T(0);

    var1 = (dayhigh(3)+daylow(3))/2;
    var2 = (dayhigh(2)+daylow(2))/2;

    if var1 < var2 Then
         T = 1;
    if var1 > var2 Then
         T = -1;

    plot1(var1,"전일중심");

if T == 1 Then

    plot2(var1-PriceScale*2,"황금");

    else

    plot2(var1+PriceScale*2,"황금");
```

9. 9캔들 중심

<수식>

var : T(0);

  var1 = (highest(H,9)+lowest(L,9))/2;

  if var1 > var1[1] Then
        T = 1;
  if var1 < var1[1] Then
        T = -1;
  plot1(var1,"중심");

if T == 1 Then

  plot2(var1-PriceScale*1,"황금");

  else

  plot2(var1+PriceScale*1,"황금");

  plot2(var1+PriceScale*1,"황금");

<수식 그리기>
중심......선 그래프......청색
황금......선 그래프......청색

***채우기

황금<중심......녹색

황금<중심......노랑

<9캔들 중심 수식 차트>

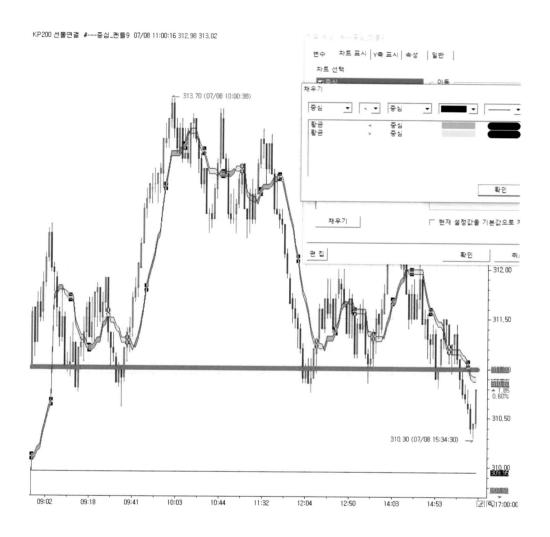

상승 추세......녹색 밴드

하락 추세......노랑 밴드

10. 26캔들 중심

<26일 중심 수식>

```
var : T(0);

    var1 = (highest(H,26)+lowest(L,26))/2;

    if var1 > var1[1] Then
        T = 1;
    if var1 < var1[1] Then
        T = -1;
    plot1(var1,"중심");

if T == 1 Then

    plot2(var1-PriceScale*1,"황금");

    else

    plot2(var1+PriceScale*1,"황금");
```

<26일 중심 수식 그리기>

중심......선 그래프......적색
황금......선 그래프......적색

***채우기

황금<중심......rose
황금<중심......blue

<26캔들 중심 수식 차트>

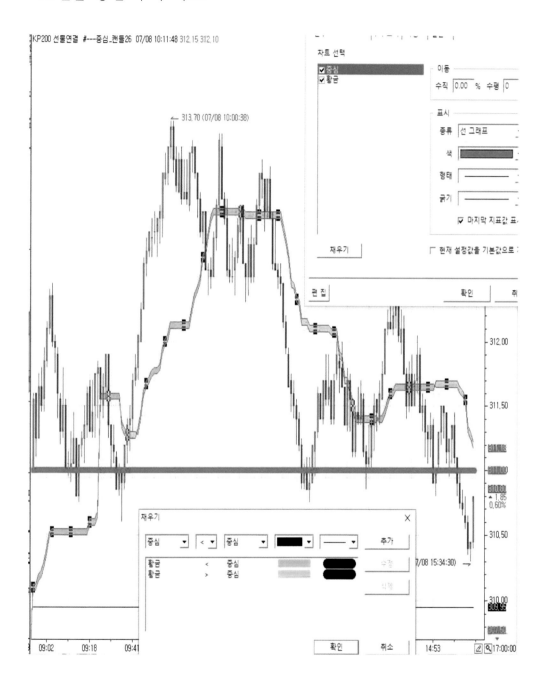

상승 추세……핑크 밴드

하락 추세……블루 밴드

11. 52캔들 중심

<52캔들 중심 수식>

```
var : T(0);

    var1 = (highest(H,52)+lowest(L,52))/2;

    if var1 > var1[1] Then
          T = 1;
    if var1 < var1[1] Then
          T = -1;
    plot1(var1,"중심");

if T == 1 Then

    plot2(var1-PriceScale*1,"황금");

    else

    plot2(var1+PriceScale*1,"황금");
```

<52캔들 중심 수식 그리기>

중심……선 그래프……흑색
황금……선 그래프……흑색

***채우기

황금<중심……적색
황금<중심……청색

<52캔들 중심 차트>

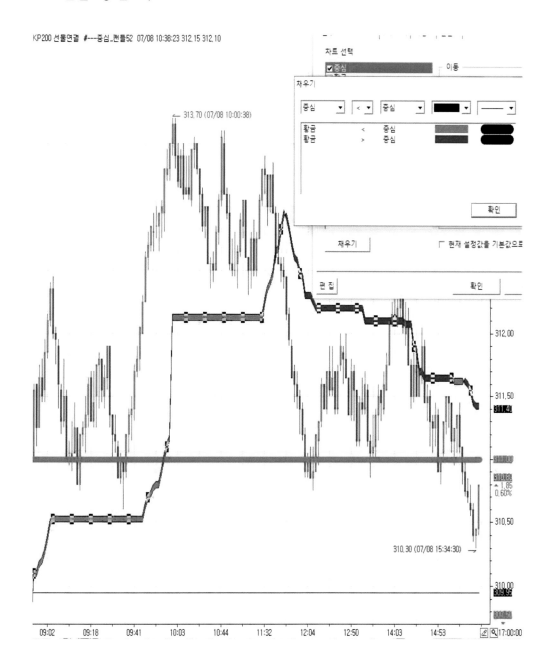

상승 추세......적색 밴드

하락 추세......청색 밴드

12. 52캔들 중심[25]

<수식> 25캔들 전 즉 당일 포함 26캔들 과거 52일 중심 그리기

var : T(0);

   var1 = (highest(H,52)[25]+lowest(L,52)[25])/2;

   if var1 > var1[1] Then
       T = 1;
   if var1 < var1[1] Then
       T = -1;
   plot1(var1,"중심");

if T == 1 Then

   plot2(var1-PriceScale*1,"황금");

   else

   plot2(var1+PriceScale*1,"황금");

<수식 그리기>

중심......선 그래프......흑색
황금......선 그래프......흑색

***채우기

황금<중심......적색
황금<중심......청색

<수식 차트>

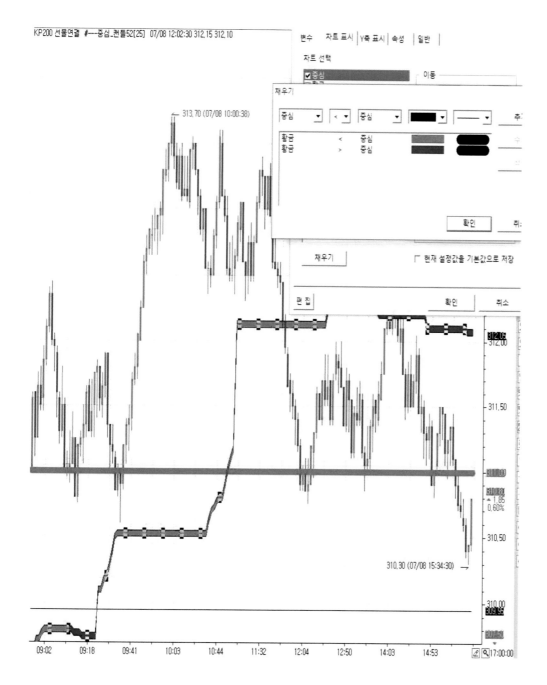

상승 추세......적색 밴드

하락 추세......청색 밴드

13. 78캔들 중심

<수식>

var : T(0);

    var1 = (highest(H,78)+lowest(L,78))/2;

    if var1 > var1[1] Then
        T = 1;
    if var1 < var1[1] Then
        T = -1;
    plot1(var1,"중심");

if T == 1 Then

    plot2(var1-PriceScale*1,"황금");

    else

    plot2(var1+PriceScale*1,"황금");

<수식 그리기>

중심......선 그래프......흑색
황금......선 그래프......흑색

***채우기

황금<중심......적색
황금<중심......청색

<수식 차트>

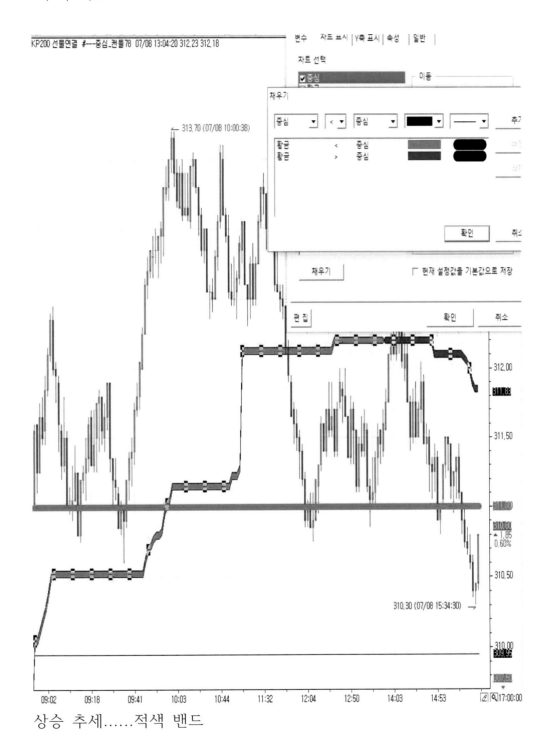

상승 추세……적색 밴드

하락 추세……청색 밴드

14. 중심 추세 26

<수식>

var : T(0);

   var1 = (highest(H,26)+lowest(L,26))/2;

   if var1[25] > var1[26] Then
        T = 1;
   if var1[25] < var1[26] Then
        T = -1;
   plot1(var1[25],"중심");

if T == 1 Then

   plot2(var1[25]-PriceScale*10,"황금");

   else

   plot2(var1[25]+PriceScale*10,"황금");

<수식 그리기>

중심......선 그래프......적색
황금......선 그래프......적색

***채우기

황금<중심......녹색
황금<중심......황색

<중심 추세 26 차트>

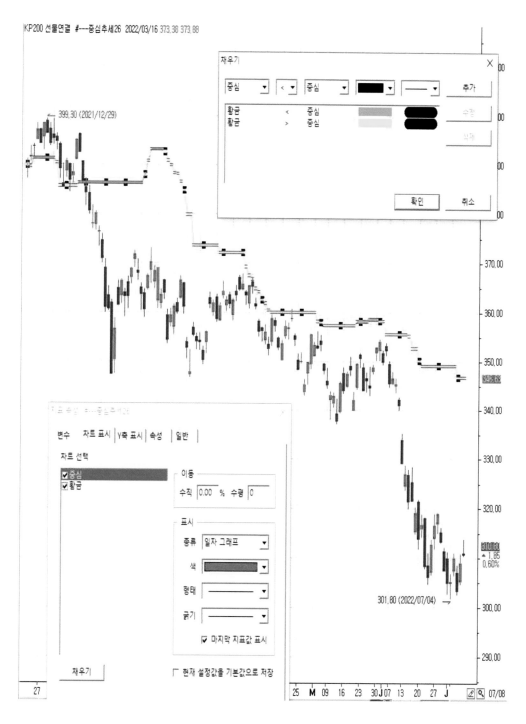

상승 추세......녹색 밴드

하락 추세......황색 밴드

15. 중심 추세 52

<수식>

var : T(0);

   var1 = (highest(H,52)+lowest(L,52))/2;

   if var1 > var1[1] Then
        T = 1;
   if var1 < var1[1] Then
        T = -1;
   plot1(var1[25],"중심");

if T == 1 Then

   plot2(var1[25]-PriceScale*15,"황금");

   else

   plot2(var1[25]+PriceScale*15,"황금");

<수식 그리기>

중심......선 그래프......적색
황금......선 그래프......적색

***채우기

황금<중심......rose
황금<중심......blue

<중심 추세 52 차트>

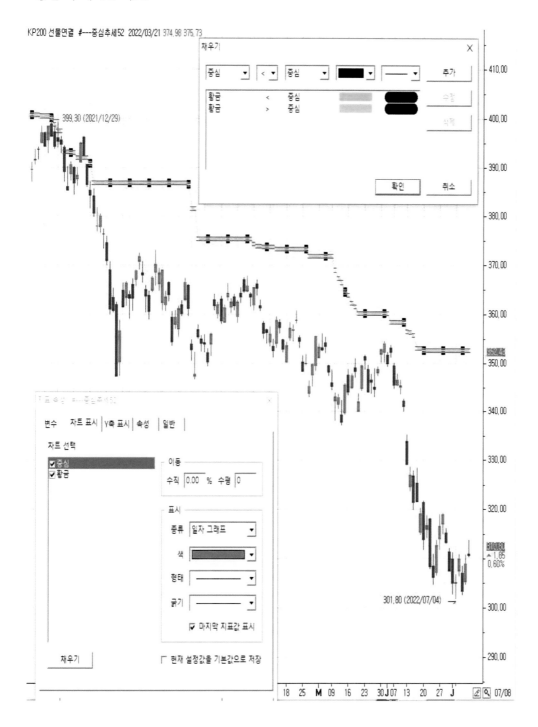

상승 추세......핑크 밴드

하락 추세......블루 밴드

16. 중심 추세 78

<수식>

var : T(0);

    var1 = (highest(H,78)+lowest(L,78))/2;

    if var1 > var1[1] Then
         T = 1;
    if var1 < var1[1] Then
         T = -1;
    plot1(var1[25],"중심");

if T == 1 Then

    plot2(var1[25]-PriceScale*20,"황금");

    else

    plot2(var1[25]+PriceScale*20,"황금");

<수식 그리기>

중심......선 그래프......적색
황금......선 그래프......적색

***채우기

황금<중심......황금
황금<중심......옥색

<중심 추세 78 차트>

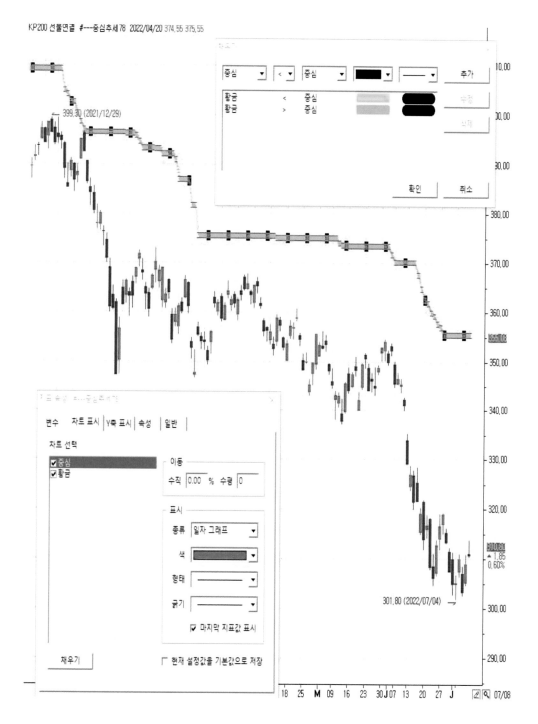

상승 추세……황금 밴드

하락 추세……옥색 밴드

17. 기세 차트_연속

<수식>

Input : af(0.02), maxAF(0.2);

var1 = CSar(af,maxAF);

if var1 > C Then
        Plot1(var1, "CSAR",Blue);
Else
        Plot1(var1, "CSAR",Red);

plot2(c,"c");

<수식 그리기>

CSAR......선 그래프......흑색......마지막 지표값 표시......체크 삭제
C............점 그래프......흑색......마지막 지표값 표시......체크 삭제
.

.
***채우기

C<CSAR......녹색
C<CSAR......노랑

<기세 차트_연속 차트>

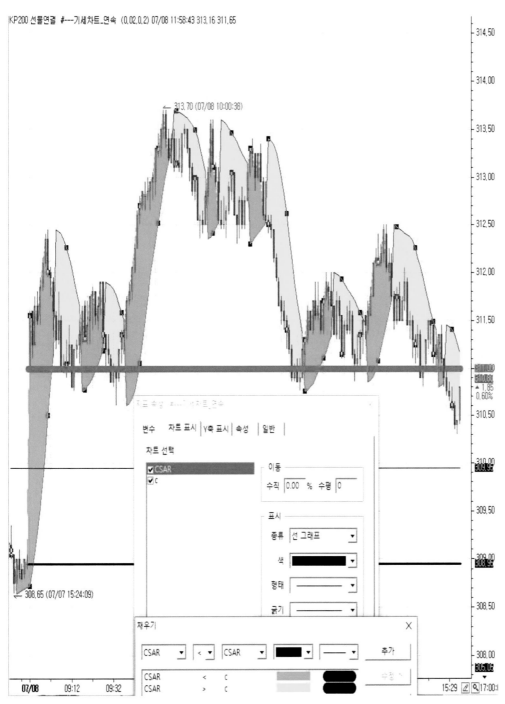

상승 추세……녹색 밴드

하락 추세……노랑 밴드

18. 기세 차트_당일

<수식>

Input : AF(0.02), AFMAX(0.2);

Var   : Direction(0), SAR_Value(Close),
AF_Value(.02), HighValue(High), LowValue(Low), EP(0);

var : CSarv(0);

if Bdate != Bdate[1] Then

{

        Direction = 0;

        SAR_Value = C;

        AF_Value = 0.02;

        HighValue = H;

        LowValue = L;

        EP = 0;

}

```
if EP != 0 Then

{

    if Direction == 1 then

    {

        EP = HighValue;

        SAR_Value = SAR_Value + AF_Value * (EP - SAR_Value);


            if High > HighValue then

            {

                    HighValue = High;

                    AF_Value = AF_Value + AF;

             if AF_Value >= AFMAX then AF_Value = AFMAX;

            }



            if Close < SAR_Value then

            {

                    Direction        = -1;
```

```
            SAR_Value        = EP;

            AF_Value         = 0;

            EP                    = 0;

            LowValue         = low;

        }

    }

    else

    {

        EP = LowValue;

        SAR_Value = SAR_Value + AF_Value * (EP - SAR_Value);


            if Low < LowValue then

            {

                LowValue = Low;

                AF_Value = AF_Value + Af;

              if AF_Value >= AFMAX then AF_Value = AFMAX;

            }
```

```
            if Close > SAR_Value then

                {

                        Direction = 1;

                        SAR_Value = EP;

                        AF_Value = 0;

                        EP = 0;

                        HighValue = High;

                }

        }

    CSarv = SAR_Value;

}

else

{

    if SAR_Value != 0 && EP == 0 then

        {
```

```
if  Direction  ==  1  then

        {

                EP  =  HighValue;

                AF_Value  =  AF;

SAR_Value  =  SAR_Value  +  AF_Value  *  (EP  -  SAR_Value);


                if  High  >  HighValue    then

                {

                        HighValue  =  High;

                        AF_Value  =  AF_Value  +  AF;


                if  AF_Value  >=  AFMAX  then  AF_Value  =  AFMAX;

                }

        }

        else

        {

                EP  =  LowValue;
```

```
                AF_Value = Af;

    SAR_Value = SAR_Value + AF_Value * (EP - SAR_Value);



                if Low < LowValue then

                {

                        LowValue = Low;

                        AF_Value = AF_Value + AF;


                if AF_Value >= AFMAX then AF_Value = AFMAX;

                        }

                }


        CSarv = SAR_Value;

}

else

{

    if Direction == 0 then
```

```
{

        if Close > Close[1] then Direction = 1;

        else

        if Close < Close[1] then Direction = -1;




}

else

{

    if Direction == 1 then

    {

            if Close < Close[1] then

            {

                    Direction = -1;

                    SAR_Value = HighValue;

                    CSarv = SAR_Value;

            }

    }
```

```
            if  Direction  ==  -1  then

        {

            if  Close  >  Close[1]  then

          {

                Direction  =  1;

                SAR_Value  =  LowValue;

                CSarv  =  SAR_Value;

            }

        }

    }


    LowValue        = min(Low,        LowValue);

    HighValue        = max(High,  HighValue);

  }

}
Plot1(CSarv,"당일종가파라볼릭",iff(C>CSaRV,RED,BLUE));
plot2(c,"c");
```

<수식 그리기>

CSAR......선 그래프......흑색......마지막 지표값 표시......체크 삭제
C............점 그래프......흑색......마지막 지표값 표시......체크 삭제

***채우기

C<CSAR......녹색
C<CSAR......노랑

<기세 차트_당일 차트>

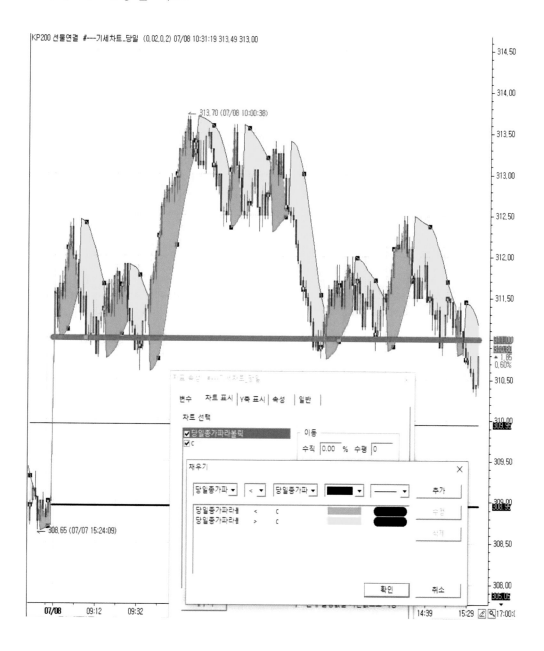

상승 추세......녹색 밴드

하락 추세......노랑 밴드

19. 기세 파동

<2022.05.31.>

1파동 바닥......노랭이 1번

5파동 상승......녹색이 3번

<202206.02>

9파동 하락

노랭이 5번

<2022.06.03.>

KP200 선물연결 #---기세차트_당일 (0.02,0,2) 07/08 09:14:14 311.79 311.25

353.85 (06/03 09:36:28)

351.15 (06/03 10:28:47)

354.00

353.50

353.00

352.50

352.00

351.50

351.00

09:03   09:15   09:31   09:50   10:01   10:15   10:46   11:39   13:09   14:23   15:28 17:00:0

1파동 상승......녹색이 1번

1파동 하락......노랭이 1번

3파동 상승......녹색이 2번

<2022.06.07.>

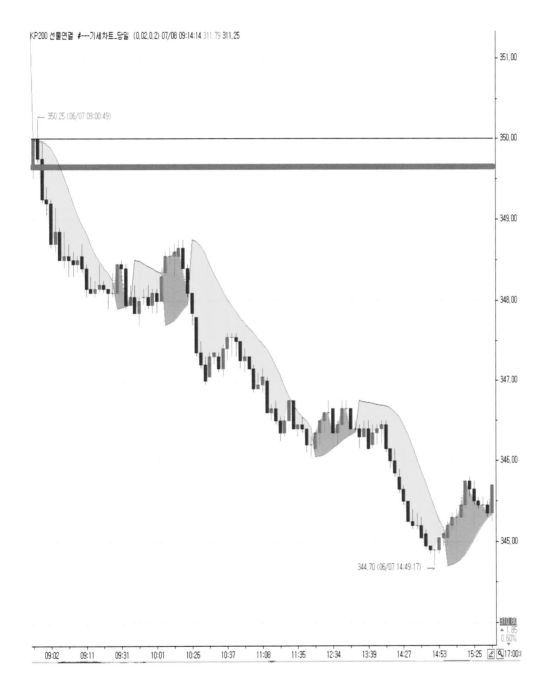

3파동 하락......노랭이 2번
1파동 상승......녹색이 1번
3파동 하락......노랭이 2번
7파동 하락......노랭이 4번

<2022.06.08>

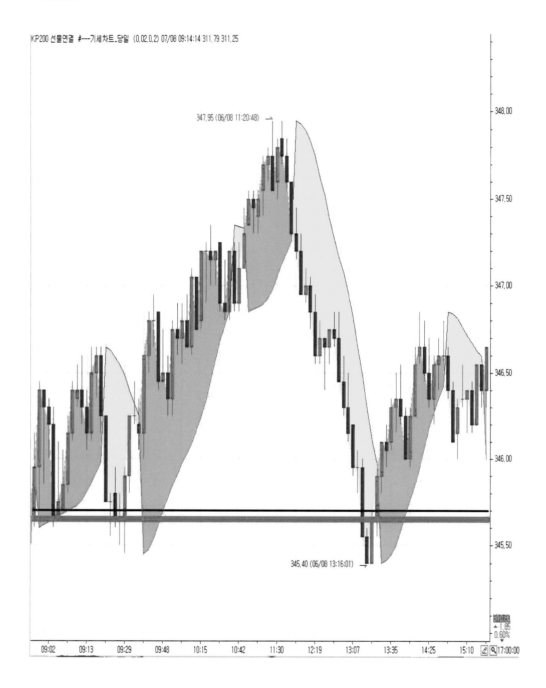

1파동 상승......녹색이 1번
1파동 하락......노랭이 1번
3파동 상승......녹색이 2번
1파동 하락......노랭이 1번

<2022.06.09.>

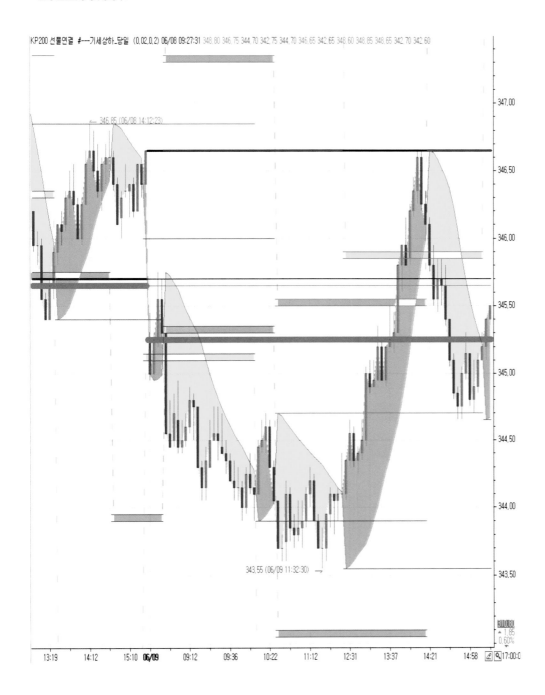

3파동 하락......노랭이 2번
1파동 상승......녹색이 1번

금일 시가<전일 시가......전일 시가=저항선

<2022.06.10.>

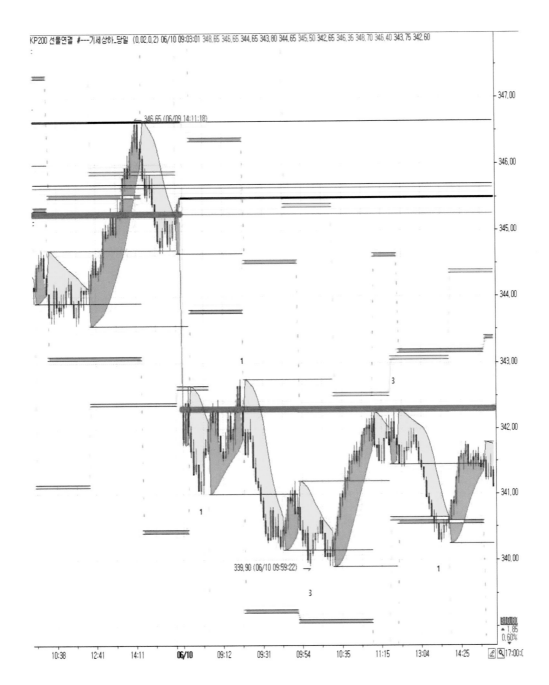

금일 시가<전일 시가......금일 시가 위 상승시 매도 시점

<2022.06.13.>

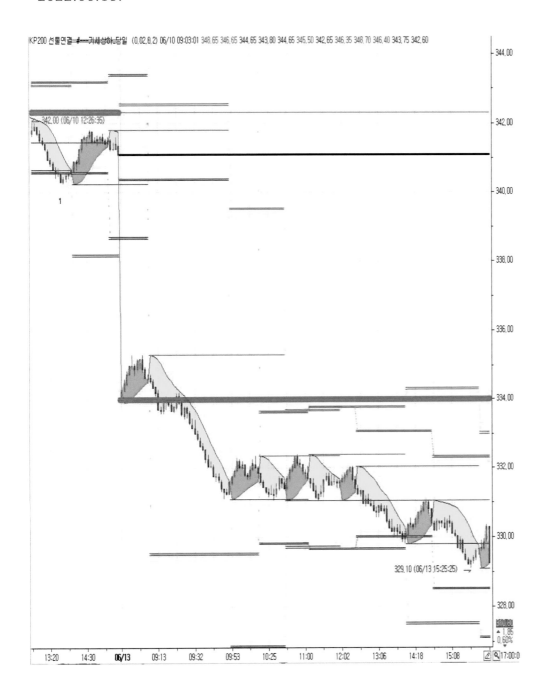

금일 시가<전일 시가......금일 시가 위 상승시 매도 시점

\<2022.06.14.\>

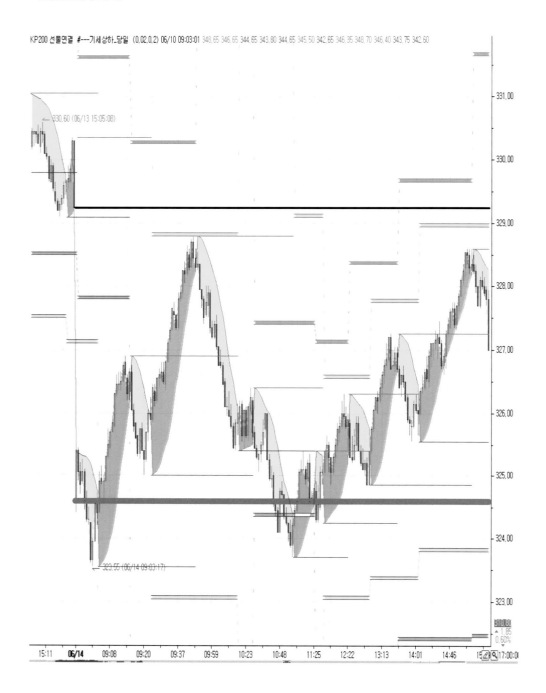

금일 시가<전일 종가......전일 종가=저항선

<2022.06.15.>

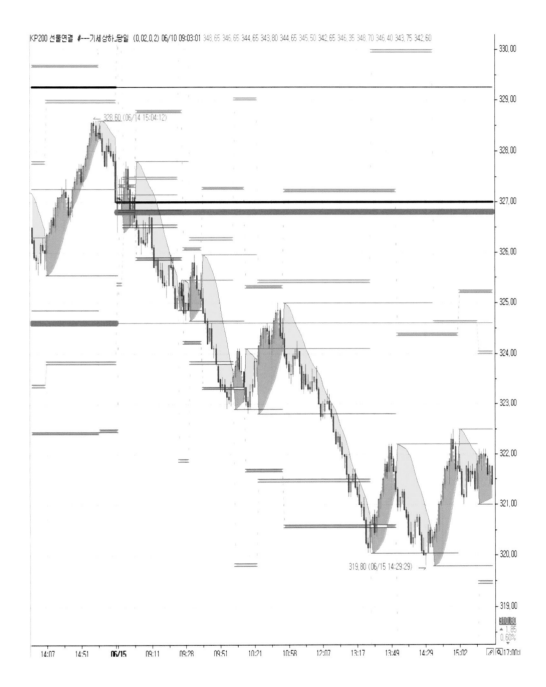

금일 시가<전일 종가......전일 종가 위 상승시 매도 시점

<2022.06.16.>

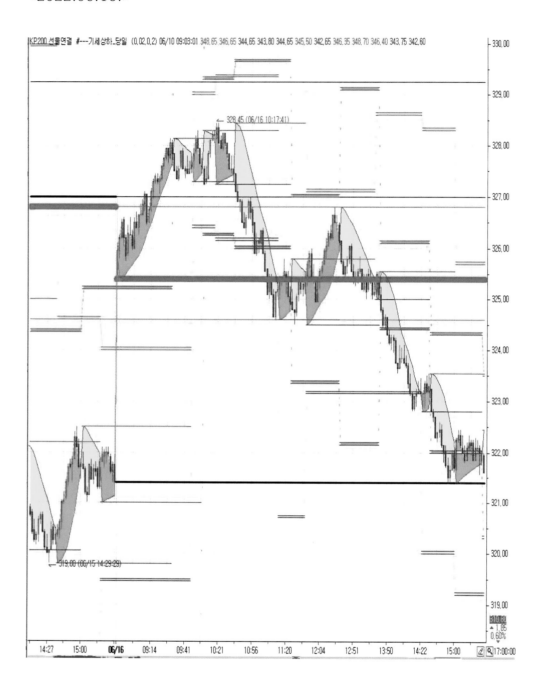

금일 시가<전일 시가......시가 대칭 상승 목표 달성후 하락

약세장의 특징=전강 후약

<2022.06.17.>

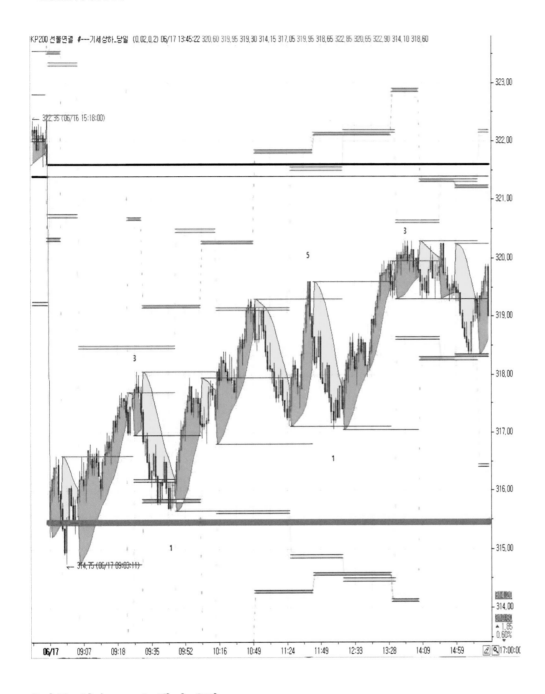

3파동 상승......녹색이 2번
1파동 하락......노랭이 1번
5파동 상승......녹색이 3번
1파동 하락......노랭이 1번
3파동 상승......녹색이 2번

<2022.06.20.>

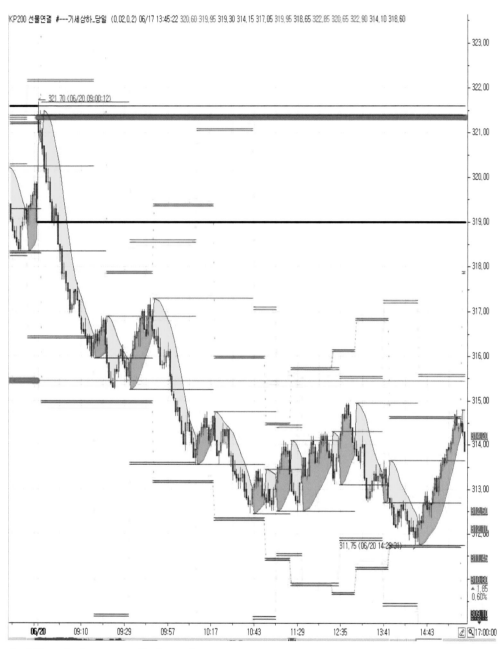

3파동 하락......노랭이 2번
1파동 상승......녹색이 1번
3파동 하락......노랭이 2번
7파동 상승......녹색이 4번
3파동 하락......노랭이 2번

<2022.06.21.>

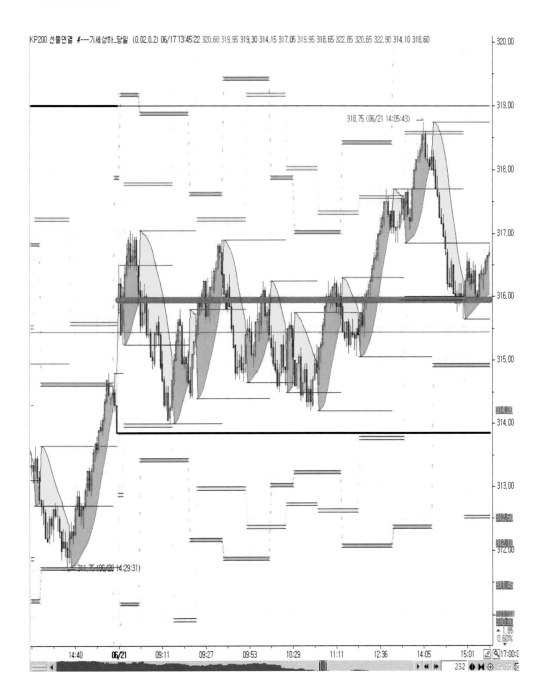

금일 시가>전일 종가......전일 종가=지지선

<2022.06.22.>

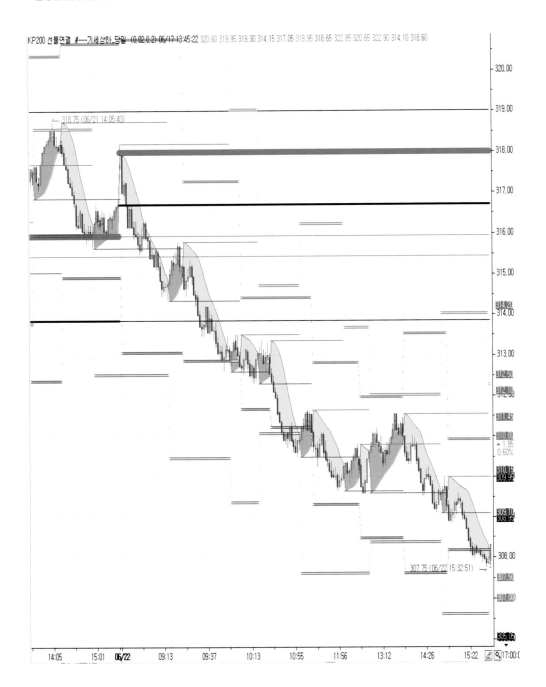

시가 이후 4캔들 경과 후 형성되는 기세에 편승

<2022.06.23.>

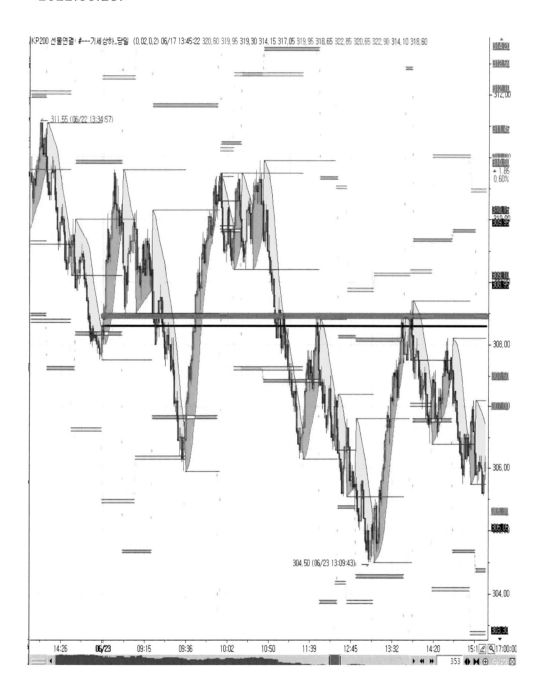

대칭 상승 목표 캔들 상부 녹색 밴드 미달
대칭 하락 목표 캔들 하부 노랑 밴드 달성

<2022.06.24.>

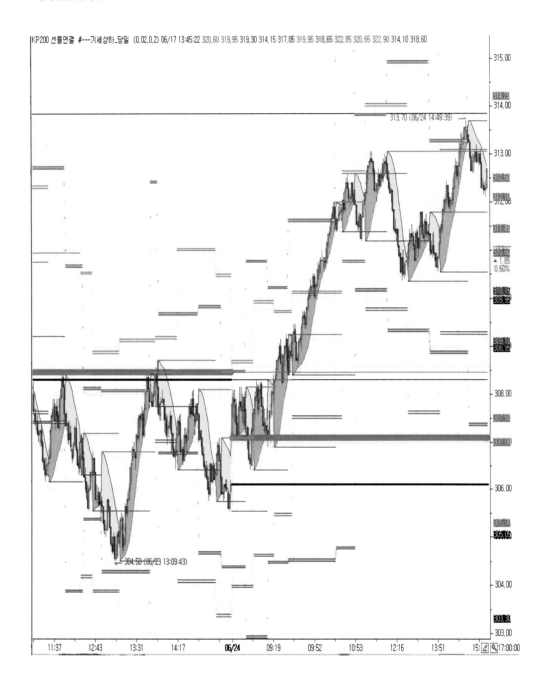

전일 저가지지
전일 고가 돌파
전일 진폭 만큼 대칭 상승 목표 달성

9파동 상승……녹색이 5번

<2022.06.27.>

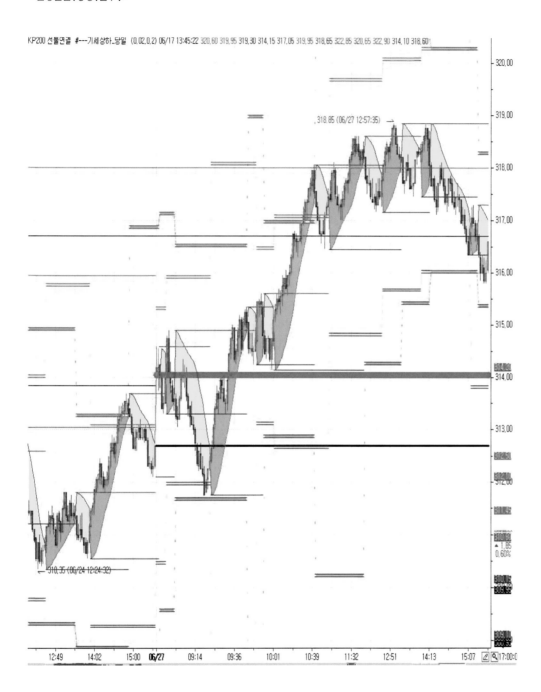

9파동 상승......녹색이 5번

<2022.06.28.>

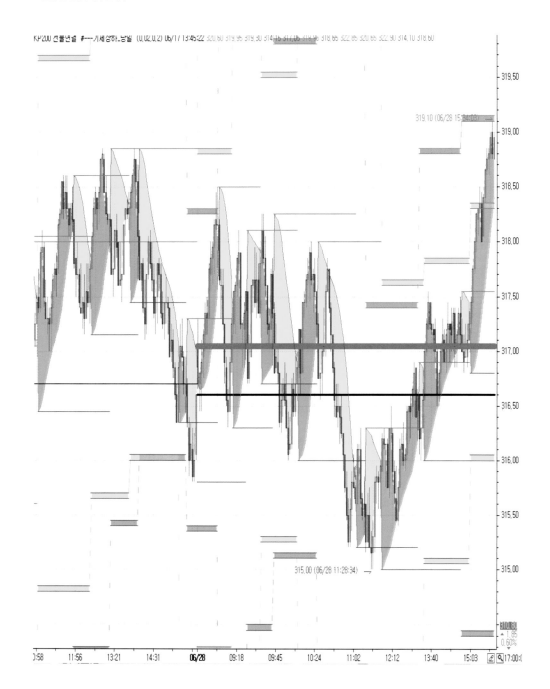

강세장의 특징은 전약 후강

캔들 위 상승 대칭 목표 녹색 밴드 달성

<2022.06.29.>

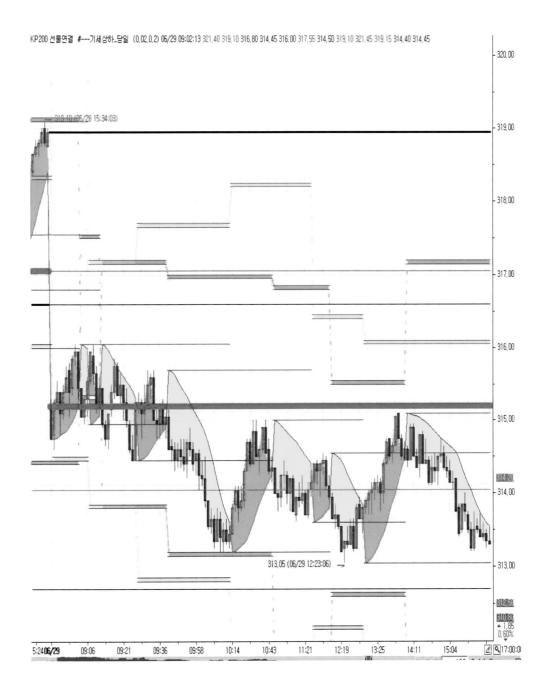

시가 급락시 시가 위 상승 후 노랑 밴드 발생 매도

캔들 하부 하락 목료 달성 익절

<2022.06.30.>

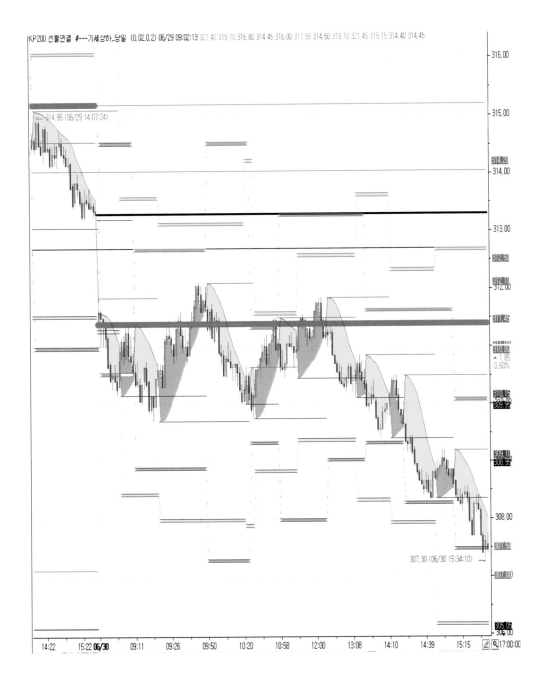

시가 급락
시가 위 상승시 매도 시점

시가 대칭 하락 목표 달성 익절

<2022.07.01.>

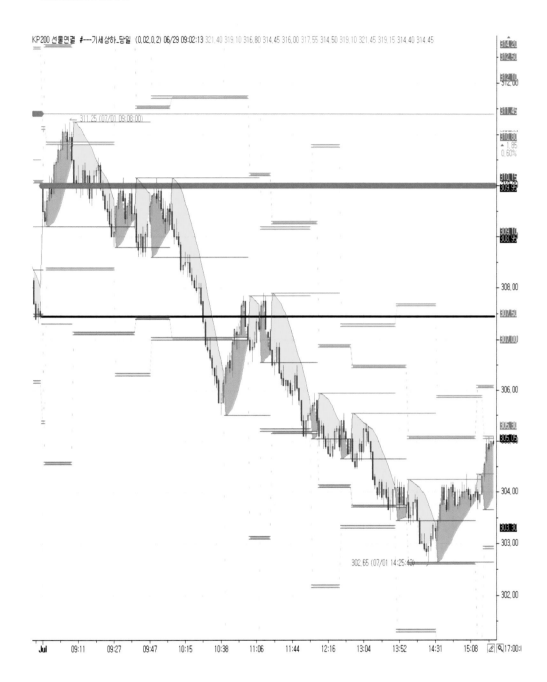

금일 시가<전일 시가......전일 시가=저항선

5파동 하락......노랭이 3번
3파동 상승......녹색이 2번
7파동 하락......노랭이 4번

<2022.07.04.>

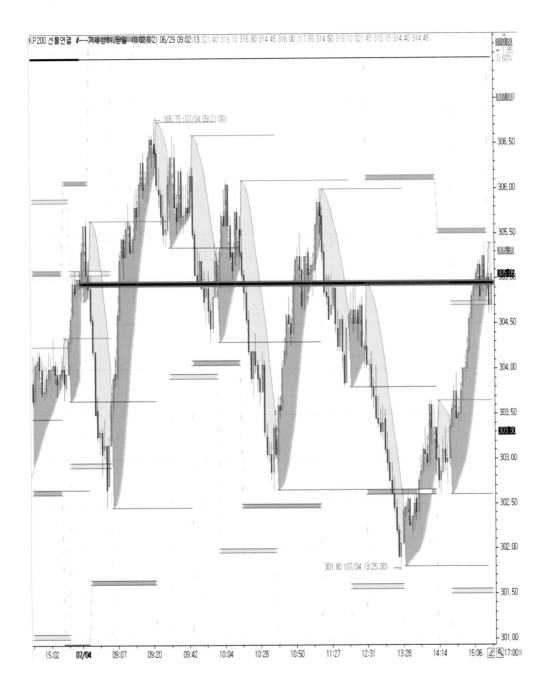

캔들 하부 대칭 하락 목표 달성
시가 위 상승후 노랑 밴드 매도
캔들 하부 대칭 하락 목표 근접 청산

<2022.07.05.>

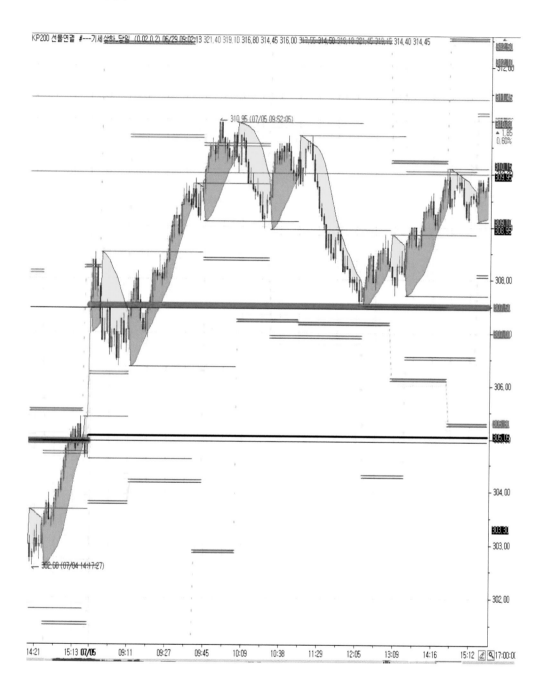

금일 시가>전일 시가
시가 대칭 상승 목표 달성
금일 시가>전일 종가
시종 대칭 상승 목표 달성

<2022.07.06.>

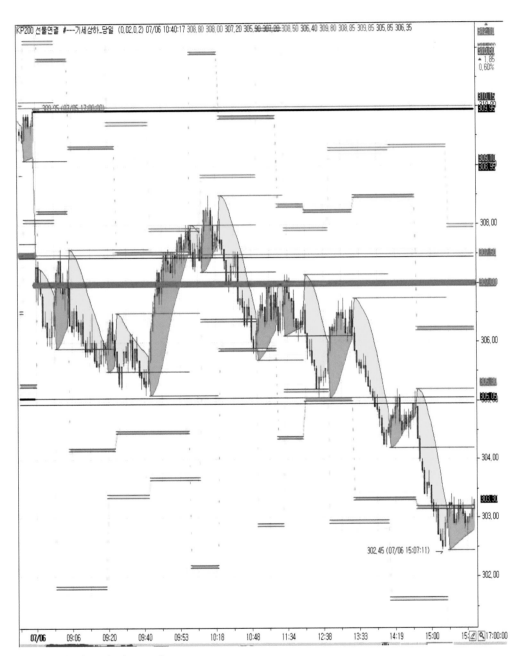

금일 시가<전일 종가
시종 대칭 하락 목표 달성
3파동 하락......노랭이 2번
3파동 상승......녹색이 2번
9파동 하락......노랭이 5번

<2022.07.07.>

KP200 선물연결 #---기세상하_당일 (0,02,0,2) 07/06 10:40:17 308,80 308,00 307,20 305,90 307,20 308,50 306,40 309,80 308,85 309,85 305,85 306,35

금일 시가>전일 종가……시종 대칭 상승 목표 달성

5파동 상승……녹색이 3번
3파동 하락……노랭이 2번
5파동 상승……녹색이 3번

<2022.07.08.>

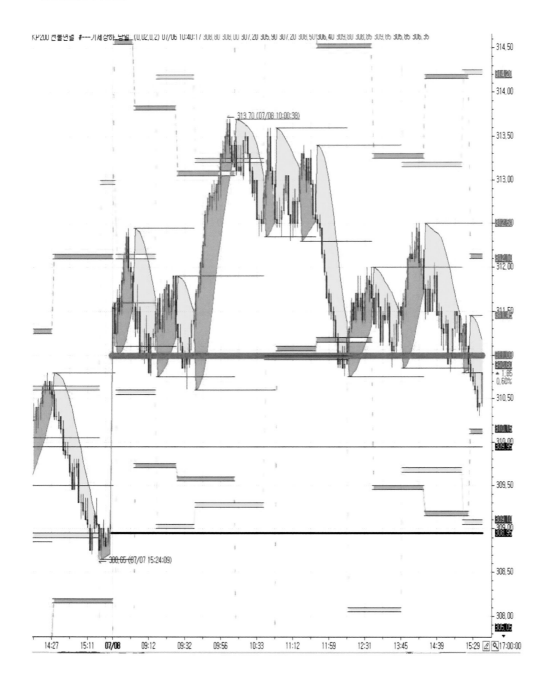

금일 시가>전일 종가......시종 대칭 상승 목표 달성

3파동 하락......노랭이 2번
1파동 상승......녹색이 1번
5파동 하락......노랭이 3번

20. 단일 파동과 복합 파동 그리고 결합 파동

단일 파동......1파동

복합 파동......3파동 이상

결합 파동......상승파동과 하락 파동의 결합 파동

단일 파동은 복합 파동으로 돌파 기대 심리

복합파동과 단일파동 조합은 복합 파동 반복 또는
결합 파동 형성 기대 심리

도서명 내차트는 내가 만든다(내차내만)

발　행 | 2022년 07월 12일
저　자 | 손태건(필명(타이쿤)
펴낸이 | 한건희
펴낸곳 | 주식회사 부크크
출판사등록 | 2014.07.15.(제2014-16호)
주　소 | 서울특별시 금천구 가산디지털1로 119 SK트윈타워 A동 305호
전　화 | 1670-8316
이메일 | info@bookk.co.kr

ISBN | 979-11-372-8888-1

www.bookk.co.kr
ⓒ 손태건 2022